ANTHOLOGIE DE L'AMOUR

PSYCHANTHROPOLOGIE

Comprendre autrement l'Être humain
et les sociétés humaines

Tack Guy Rostin

ANTHOLOGIE DE L'AMOUR

Livre 5

Edition : Books on Demand,
12/14 rond-Point des Champs-Elysées, 75008 Paris
Impression : BoD - Books on Demand, Norderstedt, Allemagne
ISBN : 9782322019014
Dépôt légal : Mars 2019

AVANT-PROPOS

Les fondements de la Psychanthropologie reposent tant sur l'importance et l'impact de la dynamique de l'inconscient que sur les moyens d'optimiser cette dynamique dans le processus de survie à court et à long terme. Cette optimisation est synonyme d'abord de l'équilibre psychique et social de l'individu. Ensuite, elle permet la stabilisation et la pérennisation des systèmes politiques. A partir du Livre III, nous avons entamé l'analyse des éléments œuvrant en ce sens. Précisément, nous avons d'abord analysé l'impact de l'intelligence psychique sur l'autorité de l'inconscient. Nous avons pu mettre en lumière l'impact positif de la disponibilité et de l'accessibilité des outputs (Biens & Services) sur cette autorité. Ces outputs sont des ressources permettant d'assurer la survie et le bien-être des individus. En effet, par défaut (absence d'addiction due par exemple à la motivation par le désir), ces outputs permettent de maintenir à un niveau bas la pression de cette autorité. Par défaut, une pression basse impose un niveau bas de l'expression des caractéristiques de la dynamique de l'inconscient (égoïsme, convoitise, impatience, avidité, etc.). Ce niveau bas de pression a ainsi un effet négatif sur la violence et, donc, un effet positif sur l'harmonie d'un groupe d'humains. Cependant, l'impact des outputs matériels de l'intelligence psychique sur la régulation tant de la pression de l'autorité de l'inconscient que des caractéristiques qui l'accompagne est non seulement aléatoire, mais surtout très précaire. Cette précarité est due, selon les systèmes politiques, à la dynamique de la motivation humaine par le désir accompagnant tacitement la production de ces outputs. La principale caractéristique du désir est l'insatiabilité. Cette insatiabilité rend permanente la rareté des ressources. Sur cette base, dans le meilleur des cas, bien que faible, l'impact positif de l'intelligence psychique existe seulement dans les sociétés modernes à égoïsme collectif. Dans le pire des cas, l'impact est nul. Les impacts faibles et nuls dépendent des systèmes politiques régissant les sociétés. Comme nous le verrons dans une des applications de cette collection, les égoïsmes collectifs[1] et les égoïsmes individuels influencent respectivement le niveau de ces impacts.

Le Livre 4 poursuit le processus d'optimisation de la dynamique de l'inconscient humain. Dans ce

---

[1] Par exemple, les égoïsmes collectifs sont le fait des nations fortes régies par l'Etat-providence. Tandis que les égoïsmes individuels se pratiquent dans des nations fortes sans système d'Etat-providence tel celui de la société économique.

Livre, l'analyse porte essentiellement sur la coercition. Cette analyse met en lumière les éléments formels permettant d'apporter l'harmonie dans un groupe d'humains. A travers la coercition, diverses autorités exogènes et antagonistes à l'autorité de l'inconscient obligent l'individu à reconnaître et à respecter les intérêts des autres Êtres vivants. C'est un arbitrage qui, lorsque l'antagonisme est efficace, aboutit toujours au refoulement, dans l'inconscient, des doléances « indues » présentées par la dynamique de l'inconscient. Ces autorités sont, entre autres, celles de la morale, des lois, des parents (autorité parentale), de la nature, des expériences passées, de la déontologie, des us & coutumes.

Dans ce Livre 5, nous allons analyser le dernier élément permettant d'optimiser les choix et comportements de l'Être humain. Cette optimisation permet de renforcer et de sécuriser l'harmonie non pas par la coercition, mais par l'incitation. Dans la perspective de l'apprivoisement de la dynamique de l'inconscient humain, il peut s'avérer être extrêmement puissant si c'est le meilleur de sa catégorie qui est acquis. Cet élément c'est l'amour. Il est beaucoup plus efficace que la morale. Nous allons analyser et comparer ses principales catégories.

INTRODUCTION

De la morale à l'amour, il y a un objectif commun : faire émerger et/ou entretenir l'harmonie au sein des groupes humains. Cet objectif commun se pose comme antagonisme à la dynamique de l'inconscient, plus précisément à l'autorité de celle-ci. Mais, pour ce faire, la nature, les processus et les canaux de production de l'un et de l'autre sont spécifiques. La morale, analysée amplement dans le Livre 4, agit par coercition. Son processus intègre des interactions avec l'univers exogène au corps. Elle est le fruit d'une confrontation psychique entre deux autorités distinctes : celle de l'inconscient et celle de la morale.

L'amour, quant à lui, n'est pas de nature coercitive. Dans divers contextes, il est incitatif. Dans cet ouvrage, nous allons analyser amplement ses principales déclinaisons et leurs portées respectives dans la perspective d'émergence de sociétés harmonieuses, stables et pérennes.

En français, le mot amour peut confondre plusieurs situations pourtant particulières ou spécifiques. Par exemple, on peut aimer regarder la télévision. On peut aimer sa femme ou son mari. On peut aimer son frère, sa sœur ou son ami, etc. Dans chacun de ces contextes, il est bien question du verbe "aimer". Mais chacun de ces contextes exprime une qualité ou un type d'amour spécifique. Aimer regarder la télévision n'a pas la même sémantique qu'aimer sa femme ou son mari, son frère, son cousin, voire son prochain. Il n'est pas inutile de différencier chacun de ces contextes avec des termes, liés à l'amour, bien adaptés. Malheureusement, elles ne sont pas légion les langues permettant de faire une telle distinction. La langue grecque est l'une des seules au monde ouvrant à cette possibilité. Elle décline le verbe "aimer" en trois niveaux : l'amour éros, l'amour philéo et l'amour agape. Chacun de ces termes s'assimile à un contexte particulier, dégage des caractéristiques singulières et se développe à partir de sources parfois distinctes.

Ces divers types d'amour sont des arguments dont la principale mission est de faire contrepoids aux caractéristiques de l'intelligence de la dynamique de l'inconscient (égoïsme, impatience, convoitise, orgueil, avidité, etc.). Par exemple, faire preuve d'altruisme (motivé par l'amour) au lieu de l'égoïsme (motivé par l'intelligence de l'inconscient).

A l'aune de l'expérience, de la littérature et des précédents livres de la Psychanthropologie, analysons en détail ces trois types d'amour. Nous traiterons, entre autres, de leurs sources, de leurs mécanismes et de leurs processus d'émergence, de leurs portées et de leurs conséquences politiques.

Dès lors, nous allons successivement analyser l'amour éros au chapitre 1, l'amour philéo au chapitre 2 et l'amour agape au chapitre 3.

CHAPITRE 1

L'EROS

Dans *Le Banquet*, Platon présente Eros comme étant le dieu du désir sexuel. Il décrit plusieurs caractéristiques d'Eros. Par exemple, il le présente comme le plus jeune des dieux. Il établit ainsi un parallèle avec la période où, chez l'Être humain, les pulsions sexuelles sont intenses, « dominantes » et désordonnées. Elles se manifestent à une période où l'Homme traverse une période faite d'immaturité et d'insouciance. C'est-à-dire l'adolescence.

Ainsi, d'après Platon, l'amour éros se confond aux pulsions sexuelles. Ce type d'amour ne connaît pas les sentiments, même s'il peut intervenir en aval (en bout de processus) dans le cadre d'une relation sentimentale. Donc Eros n'a absolument pas pour fonction de participer au processus de création de l'harmonie entre les Êtres humains. Elle n'influence absolument pas la dynamique de l'inconscient, précisément le niveau qualitatif de ses caractéristiques (égoïsme, impatience, convoitise, etc.) dans la perspective de la construction d'une société harmonieuse, équilibrée et pérenne. Bien au contraire, il est entièrement inféodé à cette dynamique.

D'après Nygren Anders, « l'éros *est la tendance vers ce qui est supérieur. Éros égale désir.* »[2]. Le désir dont il parle est sexuel. Cette perception de l'éros est donc très proche de celle de Platon. Cependant, d'après la conception que nous avons développée dans les trois premiers livres de cette collection et d'après l'expérience, l'éros est d'abord un besoin avant d'être un désir. Car, en plus d'être physiologique, ses mécanismes et sa pression s'imposent d'emblée à tous à partir d'un certain âge. A fortiori, il est essentiel pour la pérennité des espèces vivantes : la reproduction. Quant au désir, nous avons vu qu'il n'intervient que dans un second temps : une fois que le besoin est satisfait. Cependant, certaines études en neurosciences montrent que les relations sexuelles sont susceptibles de provoquer la production de l'ocytocine, l'hormone de l'amour. En effet, d'après Anthony Lane, l'ocytocine « *peut être provoquée par des stimuli sexuels ou liés à la reproduction tels que le coït* »[3]. Mais, la stimulation de l'ocytocine par

---

[2] Anders Nygren, *Éros et agapè. La notion chrétienne de l'amour et ses transformations*, in Revue du MAUSS, n°32, pp. 165-172, La découverte, 2008.

[3] Anthony Lane, Olivier Luminet et Moïra Mikolajczak, *Psychoendocrinologie sociale de l'ocytocine : revue d'une littérature en pleine expansion*, in « *L'Année psychologique* »,

l'acte sexuel a posteriori est très limitée dans un cadre général. A fortiori, il dépend des affinités agissant en amont et étant du ressort de l'amour philéo.

Bref, globalement, l'éros n'a pas vocation à intervenir dans le processus de construction de société harmonieuse et pérenne. Le second type d'amour, l'amour philéo, a-t-il cette vocation ?

CHAPITRE 2

L'AMOUR PHILEO
OU
AMOUR EXCLUSIF

La générosité est un acte égoïste.

L'amour philéo est intermédiaire entre l'amour éros et l'amour agape. Il est inné et joue un certain rôle dans le processus de création de l'harmonie entre les Êtres humains et, donc, de l'établissement d'une société stable et pérenne.

Section 1 : Que représente l'amour philéo ?

Le verbe Philéo (du grec) est la manifestation du sentiment (d'amour) qu'un individu peut porter aux Êtres vivants ou aux choses en fonction de la qualité de relation qu'il entretient avec ces derniers. Par exemple, c'est l'amour entre l'époux et l'épouse[4] ; c'est la relation d'amitié entre deux

---

[4] Il existe en langue grecque, un autre mot plus spécifique pour qualifier l'amour familial. C'est le mot Storgê. Mais pour une question pratique, nous le regroupons dans Philéo.

personnes ; c'est l'attachement que l'on peut porter à une chose ; etc. Tout Être humain peut connaître et manifester ce type d'amour dès sa naissance. Il ne dépend pas du « moi » à qui il s'impose. En d'autres termes, l'amour philéo est du ressort exclusif de la dynamique de l'inconscient. Il est entièrement régi par cette dernière. A titre d'illustration, ce n'est pas par notre volonté consciente que nous décidons d'aimer une telle ou telle autre personne. De même, à l'inverse, ce n'est pas par cette même volonté consciente que nous la détestons. Il nous arrive parfois de vouloir aimer telle ou telle autre personne. Et pourtant nous n'y arrivons pas. Ce n'est pas du ressort de la dynamique consciente. De même, a fortiori, la jalousie que l'on peut manifester à cause de ce type d'amour s'impose à nous (ou plus précisément au « moi »). Bref, les sentiments sont régis exclusivement par la dynamique de l'inconscient.

Section 2 : Les effets de l'amour philéo

L'amour philéo tire ses sources de la dynamique de l'inconscient humain. Mais à la différence de l'amour éros, il implique le plus souvent les sentiments comme source d'émotions. Ainsi, l'amour que l'on porte à son prochain et que l'on en reçoit apporte des émotions. Les effets de ce type d'amour sont, entre autres, la générosité, l'altruisme, l'empathie, la compassion. A travers ces effets, la dynamique de l'inconscient attenue, voire neutralise l'autre groupe de ses caractéristiques aussi innées qui sont de nature opposée (l'égoïsme, la convoitise, l'impatience, l'orgueil, l'avidité, etc.). Ces dernières caractéristiques sont, par défaut, prééminents et prioritaires. Car elles sont au diapason de la mission de la dynamique de l'inconscient développée dans les Livres 1 & 2 de cette collection : ne rechercher que les intérêts du corps auquel elle est attachée. De toute façon, dire que ces groupes de caractéristiques sont opposés n'est vrai que de par leurs natures. Car, comme nous le verrons infra en détail, ce n'est pas vrai de par leurs fonctions. Tous ces groupes cherchent le même but : assurer la conservation (survie et bien-être) du corps. En d'autres termes, à titre d'illustration, l'égoïsme est par nature l'opposé de la générosité. Mais, une analyse minutieuse montre que la générosité est un acte égoïste.

Section 3 : Les fondements biologiques de l'amour philéo

L'amour philéo se manifeste avec comme support biologique, et donc matériel, une hormone spécifique : l'ocytocine.

Sous-section 1 : « L'hormone de l'amour »

De nos jours, grâce aux neurosciences, une hormone spécifique en rapport avec l'amour est mise en valeur. C'est l'ocytocine. Qualifiée tantôt d' « hormone de l'amour » tantôt d'« hormone de l'attachement »[5], elle est produite dans le cerveau. Plus précisément, elle est secrétée par hypophyse[6]. Encore appelée OT[7], l'ocytocine a plusieurs fonctions dont celles, entre autres, de l'attachement[8], de la générosité[9] et de la détection des émotions[10]. La production de l'ocytocine impacte donc positivement les effets de l'amour philéo.

---

[5] Anthony Lane, Olivier Luminet et Moïra Mikolajczak, op.cit.

[6] Henry Dale, *On some physiological actions of ergot*, Journal of Physiology (London), *34*, 163-206, 1906.

[7] Du grec Ôkus et Tokos signifiant "accouchement rapide". Il faut savoir que, au départ, les premières vertus découvertes de cette hormone via Henry Dale étaient liées à l'accouchement.

[8] B. Ditzen, M. Schaer, B. Gabriel, G. Bodenmann, U. Ehlert & M. Heinrichs, *Intranasal oxytocin increases positive communication and reduce cortisol levels during couple conflict.* Biological Psychiatry, *65*, 728-731, 2009.

[9] P. J., A. A Zak, Stanton & S. Ahmadi, *Oxytocin increases generosity in humans, PLoS ONE*, *2*(11): e1128. doi:10.1371/journal.pone.0001128, 2007.

[10] S. G. Shamay-Tsoory, M. Fischer, J. Dvash, H. Harari, N. Perach-Bloom & Y. Levkovitz, *Intranasal administration of oxytocin increases envy and schadenfreude (gloating),* Biological Psychiatry, *66*, 864-870, 2009.

Mais, en amont, qu'est-ce qui stimule la production de l'OT ?

Sous-section 2 : Contacts et stimulation de l'OT

De nombreuses études scientifiques montrent que c'est globalement à travers les contacts que la production de l'ocytocine est stimulée. En effet, « *la libération d'OT dans le système nerveux central et l'activation neuronale, ainsi que sa libération dans la circulation sanguine, peut être provoquée par des stimuli sexuels ou liés à la reproduction tels que le coït, la stimulation génitale et de la poitrine, des stimuli olfactifs, l'allaitement ou encore la parturition* »[11].
Aussi, d'après Campbell[12], « *Cette libération se produit également lors de stimulations non sexuelles tels le toilettage, les contacts avec la progéniture et les contacts tactiles (par exemple, les massages)* »[13].

Par expérience, on peut également se rendre compte que l'amitié, les bonnes relations entre membres d'une famille ou, plus largement, d'un groupe d'humains et les relations amoureuses se créent à la suite d'affinités. De ces relations

---

[11] Anthony Lane, Olivier Luminet et Moïra Mikolajczak, op.cit.

[12] A. Campbell, *Attachement, agression, and affiliation: The role of oxytocin in female social behavior*, Biological Psychology, 77, 1-10, 2008.

[13] Anthony Lane, Olivier Luminet et Moïra Mikolajczak, op.cit.

naissent les effets de l'amour philéo (générosité, altruisme, empathie, patience, etc.). A ce titre, d'après Jankélévitch, « *le plus souvent un homme aime son prochain quand ce prochain est son coreligionnaire, son concitoyen ou son compatriote, ou à la rigueur son « collègue »! Le plus souvent un homme aime les autres hommes à condition qu'ils appartiennent, eux et lui, au même troupeau ; ou encore à condition qu'ils fassent partie du même clan, de la même tribu, de la même caste* »[14].

Ainsi donc, ces relations (amicales, familiales et amoureuses) sont portées par l'amour philéo. Dès lors, d'une manière générale, on en déduit que ce sont les affinités issues nécessairement des contacts qui permettent la stimulation de l'OT. En d'autres termes, par transitivité, les contacts[15] humains contribuent à la sécrétion de l'OT.

Sous-section 3 : Les principes du bonding et du caregiving

La sécrétion de l'OT dans les relations humaines peut se faire en deux phases[16] dont l'une est exclusive : le bonding et le caregiving.

---

[14] Vladimir Jankélévitch, *Le paradoxe de la morale*, Seuil, 1981.

[15] Contacts bienveillants, hormis toutes formes de griefs.

[16] V. Bekhechi, C. Rabouam, N. Guedeney, *Le système des soins parentaux pour les jeunes enfants*, le caregiving, *In* GUÉDENEY N. et A. : *L'attachement : Approche théorique.*

Le bonding, nous expliquent Anne-Lise Saive et Nicole Quédeney, « *se met en place dès la naissance de l'enfant et est maintenu pendant la 1re semaine. Il se caractérise par des sentiments chaleureux de la part de la mère et la sensation d'un lien unique et spécial avec cet enfant. [...] Le bonding a une base biologique forte.* »[17]. Il est exclusif à la relation parents-enfant ou, plus précisément, entre la mère et son enfant.

Contrairement au bonding, la sensibilité au besoin d'attachement liée au caregiving « n'a pas *de base biologique forte mais dépend de l'histoire psychologique maternelle, de son histoire d'attachement, de son contexte social et culturel. [...]* (Le caregiving) *se construit tout au long de la vie et est soumis à de nombreuses influences dont les propres relations d'attachement de la mère* »[18]. En considérant son mode de déploiement et ses mécanismes, il est logique de transposer la dynamique du caregiving aux relations amoureuses et amicales.

Du bébé à la personne âgée (pp. 17-28), Masson Elsevier, 2010.

[17] Anne-Lise Saive et Nicole Guédeney, *Le rôle de l'ocytocine dans les comportements maternels de caregiving auprès de très jeunes enfants*, Médecine & Hygiène | « Devenir », 22 | pages 321 à 338, 4/2010.

[18] Anne-Lise Saive et Nicole Guédeney, Ibidem.

Ces deux principes conditionnent les niveaux de production de l'OT.

Section 4 : Les déclinaisons de l'amour philéo

En restant dans la généralité, les Êtres humains peuvent avoir des affinités issues des contacts ou d'absence de contacts. Les contacts ou leur absence peuvent respectivement créer des affinités dites directes et indirectes. Selon qu'elles soient directes ou non, ces affinités connaissent une décroissance progressive du niveau de production de l'ocytocine, pour devenir nulles à un certain stade.

Sous-section 1 : Les affinités directes

Les affinités directes sont celles qui se créent à travers des contacts entre Êtres humains. Ces contacts peuvent se faire de manière tacite ou élaborée. On peut les répartir tant en contacts actifs qu'en contacts passifs.

- Les contacts actifs

  Ces contacts s'observent, entre autres, dans les relations familiales, amoureuses et amicales. De ces trois types de relations, on peut s'attendre à des niveaux de production disparates de l'OT. A ce titre, « *L'amour maternel est une des motivations d'actions la plus puissante de l'Homme »*[19]. Bartels et Zeki[20] parviennent à démontrer, par exemple, que la production de l'OT est bien plus élevée dans la relation mère-enfant[21] que dans une relation amoureuse. Et, même si l'on considère des relations élargies au sein d'une famille, par exemple entre frères et sœurs, entre cousins, etc., il est logique d'admettre le niveau de production de l'OT est comparativement beaucoup plus faible dans le cadre de ces relations élargies. Donc, le lien très particulier unissant une mère et son enfant est le plus prolifique en matière de production de l'OT. Aucune autre relation ne fait mieux.

Par ailleurs, il est difficile d'évaluer les autres types de relations entre eux. Car il n'existe pas, dans ces autres relations, l'effet bonding comme dans la relation mère-enfant. L'effet bonding agit telle « une rampe de lancement ». Il « *favorise la mise en place du caregiving »*[22]. Dès lors, sans cet effet, le

---

[19] Anne-Lise Saive et Nicole Guédeney, op. cit.

[20] A. Bartels, S. Zeki, *The neural correlates of maternal and romantic love*, Neuroimage, *21* : 1155-1166, 2004.

[21] En prenant en compte le bonding (attachement maternel) et le caregiving (relation mère-enfant dans la durée et à l'épreuve de divers aléas socio-culturels).

[22] Anne-Lise Saive et Nicole Guédeney, op. cit.

niveau de production de l'OT dépend de la qualité des contacts entre individus dans les autres types de relations. Divers contextes (socioculturels, socioéconomiques, etc.) influencent cette qualité de contacts. A ce titre, en fonction de ces contextes, certaines personnes peuvent aimer leur frère plus que leur époux et vice versa ; d'autres peuvent préférer leurs amies à leurs cousins/cousines ; etc. Comme le soulignent, entre autres, Goodson[23], Levine et al[24], Nissen et al[25], tout dépend donc de la qualité des contacts faisant « *intervenir des processus multisensoriels (visuels, auditifs...) et cognitifs (mémoire, attention, reconnaissance sociale...) et des réponses motrices complexes* »[26].

Dans tous les cas, les affinités produites à travers les contacts actifs génèrent des émotions positives entre les protagonistes. Ces émotions se traduisent par la production des effets de l'amour philéo (altruisme,

---

[23] J.L Goodson., *Nonapeptides and the evolutionary patterning of sociality*, Progress in Brain Research, *170* : 3-15, 2008.

[24] A. Levine, O. Zagoory-Sharon *et al., Oxytocin during pregnancy and early postpartum : individual patterns and maternal-fetal attachment*, Peptides, *28 (6)* : 1162-1169, 2007.

[25] E. Nissen, G. Lijla, A.J. Widstrom, *Elevation of oxytocin levels early post partum woman*, Acta Obstetricia et Gynecologica Scandinavica, *74 :* 530-533, 1995.

[26] Anne-Lise Saive et Nicole Guédeney, op. cit.

générosité, patience, etc.). De notre logique, nous déduisons que le niveau d'impact et de manifestation spontanée de ces effets seront toujours proportionnels à celui de la production de l'OT. Par exemple, le niveau de générosité d'une mère par rapport à son enfant sera en principe plus élevé et plus spontané que celui qu'elle peut porter à son mari, plus loin, à son amie.

<u>Note</u> : La spontanéité exclut toute forme de calcul, de stratégie de gain et de coercition. Elle se construit exclusivement dans la dynamique de l'inconscient. Tandis que la stratégie de gain et la coercition impliquent la dynamique consciente à partir de laquelle elles sont élaborées.

- Les contacts passifs

Les contacts qui sont dits passifs se font avec diverses personnes connues ou inconnues que l'on croise dans divers lieux. On n'entretient pas de liens affectifs spécifiques avec ces personnes. Soit elles font partie du voisinage, soit on les croise dans la rue, dans les commerces, etc. Bref, elles appartiennent à notre univers de vie. Bien que ne partageant pas de liens affectifs, on partage avec ces personnes les mêmes aléas et vertus du système sociétal. Ces aléas et ces vertus sont un socle commun susceptible de nous rassembler à tout moment. Dans ce cadre, nous n'avons pas d'études permettant d'établir le niveau de production de l'OT chez un individu par rapport aux inconnues. Mais on peut logiquement concevoir que la sécrétion de l'OT est nulle. En d'autres termes, ce n'est plus l'amour qui régit les interactions. Nous verrons plus loin que ce sont des relations de préférence.

D'après notre logique, sans OT il n'y a pas d'effets de l'amour. Dès lors, toutes formes de générosité ou de philanthropie, d'altruisme ou encore de patience seraient régies principalement et exclusivement par la dynamique consciente, tant par la stratégie que par la coercition. Par la stratégie, la manifestation de la générosité, ou de tout autre effet de l'amour, sera en réalité un investissement qui devra rapporter d'une manière ou l'autre un gain. La coercition, quant à elle, est véhiculée par l'autorité de la conscience. On se sent obligé, par la conscience ou par la pression sociale, de produire ces effets.

Il y a donc aussi un manque de spontanéité dans l'acte de générosité et de tout autre effet de l'amour philéo. Car les sources de ces effets se trouvent dans la dynamique consciente, lieu des arbitrages (voir Livre 4).

Le profil du contexte lié aux contacts passifs est très proche de celui lié aux affinités indirectes.

Sous-section 2 : Les affinités indirectes ou affinités pratiques

Au-delà des affinités directes, les Êtres humains sont liés par divers autres critères tels que, la race (comme couleur de peau), la religion, la profession, les hobbies, les opinions ou convictions politiques, l'humanité, etc. Ces autres critères créent des affinités indirectes. Par exemple, un chrétien d'occident a des affinités indirectes avec un chrétien d'orient : critère de religion ; une personne de peau blanche du Nord a des affinités indirectes avec une autre du Sud de même couleur de peau, idem pour celle ayant la peau noire : critère de race ; une personne de peau blanche a des affinités indirectes avec une autre personne de peau noire : critère d'humanité ; etc. De manière circonstancielle, chacun de ces critères est un socle commun unissant des Êtres humains. Un tel se reconnait en l'autre à travers un ou plusieurs de ces critères. Comme dans le cas des affinités directes caractérisées par les contacts passifs, il n'y a pas de production d'OT. Car il n'y a pas de contacts directs. Dès lors, la manifestation des effets de l'amour (générosité, altruisme, patience, etc.) ne proviendra pas de la dynamique de l'inconscient. Donc, elle ne sera pas spontanée. Mais ce sera le fruit soit d'une stratégie construite par la dynamique consciente soit d'une obligation induite, par exemple, par l'autorité de la conscience[27].

Des contacts actifs aux affinités de circonstance, la production d'OT s'amenuise progressivement pour devenir nulle. Lorsqu'elle est nulle, on ne peut plus parler de sentiment d'amour. Cet amour se décline en préférence. Au lieu de dire « j'aime », on dira « je préfère ».

Le tableau suivant récapitule le processus d'évolution de l'amour philéo en fonction des affinités[28].

---

[27] Dans le monde intellectuel, on parlerait d'obligation morale. Or, dans le Livre 4 de cette collection, nous avons expliqué et justifié la différence entre l'autorité de la conscience et l'autorité de ma morale.

[28] Il y a certainement une différence très nette entre les relations amoureuses et amicales en matière de production d'OT.

Affinités							
	Directes ou avec contacts			**Indirectes ou sans contacts**			
Dynamique des contacts	Contacts actifs		Contacts passifs	Contacts circonstanciels			
Nature des contacts	Relations Mère-enfant	Relations amoureuses ou amicales	Relations voisinages divers	Critère n°1	Critère n°2	Critère n°3	Critère n°...	Critère final : humanité
Sécrétion d'OT	☑☑☑	☐☑☑	☒	☒	☒	☒	☒	☒
Déclinaison	Amour		Préférences				
☑ = Production d'OT ☒ = Production nulle d'OT			Quid des vertus de la philanthropie et des politiques de l'aide au développement ?				

Tableau 1 : Evolution de l'amour philéo en fonction des affinités

Section 5 : S'investir pour autrui

Dans la section 4 supra, nous avons montré comment évoluent les affinités en fonction de différents contextes. Plus ces affinités deviennent circonstancielles, plus l'amour s'érode et se décline en préférence. Il peut être intéressant de comprendre les niveaux d'ampleur d'engagement qu'un individu peut consentir pour l'autre. En tenant aussi en compte les caractéristiques[29] de l'amour philéo, on peut les modéliser.

<u>Note</u> : Précisons qu'un contexte régi par des affinités exclut des griefs spécifiques ou des perceptions négatives entre groupes humains. Sinon, au lieu d'enregistrer une production nulle d'OT (☒), on enregistrerait plutôt, par exemple, le

---

[29] Caractéristiques explicitées infra.

cortisol. Le cortisol est une hormone dont les effets sont antagonistes[30] à ceux de l'ocytocine. En quelque sorte, c'est l'hormone de la discorde. Nous avons donc affaire à un contexte exempt de haine, de rancœur et de préjugés. C'est un contexte par défaut.

Sous-section 1 : Fondements des discriminations[31]

Si, comme il est démontré dans les deux premiers Livres de cette collection, chaque action humaine vise avant tout un intérêt égoïste, l'acte d'amour ne déroge pas à cette règle. Dans la section suivante, nous montrerons qu'on n'aime pas gratuitement. On ne préfère pas telle catégorie de personne ou telle autre gratuitement. Bref, on aime et on préfère par intérêt. Cependant, suivant la note supra, par défaut, aimé une personne ne veut pas dire détester une autre ; de même, préférer l'une ne veut pas dire détester l'autre. La détestation, la haine ou le rejet explicite intervient dans un deuxième temps lorsqu'il y un grief ou émergence de préjugés. En tout cas, les limites de l'amour philéo, induites par les circonstances spécifiques de production d'OT, entraînent naturellement des discriminations.

---

[30] B. Ditzen, M. Schaer, B. Gabriel, G. Bodenmann, U. Ehlert & M. Heinrichs, op. cit.

[31] Des analyses plus exhaustives sont consignées dans l'Application n°1 de cette collection : *Phénoménologie du racisme.*

Par exemple, suivant les données permettant la construction du tableau 1 supra et des extensions logiques, successivement une maman aimera son enfant plus que son neveu ; elle aimera ensuite son neveu plus que l'ami de son enfant[32] ; pour des raisons évidentes, elle aimera l'ami de son enfant plus que le frère de l'ami de son enfant ; elle préférera[33] le frère de l'ami de son enfant à un inconnu habitant le même village ; elle préférera l'inconnu de son village[34] à un inconnu du village voisin ; elle préférera l'inconnu du village voisin à un étranger du pays voisin ; elle préférera l'étranger du pays voisin de même race[35] que la sienne à un étranger du pays voisin de race différente ; elle préférera un étranger de race différente à un éventuel extraterrestre (non humain).

Une remarque non moins importante à souligner est la place ultra marginalisée qu'accorde l'amour philéo à l'humanité. L'intérêt de s'investir pour un étranger parfait-inconnu avec qui l'on a de liens que l'humanité ne rapporte rien. D'après les mécanismes de l'amour philéo, c'est un

---

[32] Grâce aux contacts plus ou moins permanents et en l'absence de griefs.

[33] A partir d'ici, les contacts actifs sont très faibles, voire nuls. On parle désormais de préférence.

[34] Ils ont plus de choses en commun. Les codes de vie sont communs. Ils se comprennent mieux. C'est un gain considérable.

[35] Pour une raison pratique, nous réduisons la race à la couleur de peau.

investissement presque « perdu ». La force susceptible de faire engager un tel investissement est l'autorité de la conscience. Or, nous avons démontré l'extrême faiblesse de cette forme d'autorité face à l'autorité de l'inconscient. Par conséquent, à travers l'amour philéo, l'humanité ne fait pas partie des préoccupations prioritaires de l'Être humain. Les conséquences en sont nombreuses. Nous y reviendrons plus tard.

<u>Comment se traduit cette logique dans la vie concrète ?</u>

Le degré d'amour et l'ordre de préférence se traduisent concrètement par la discrimination que l'on observe dans la vie quotidienne dans divers types de sociétés. Toutes choses restant égales par ailleurs, c'est-à-dire en présence de candidats aux profils proches, en l'absence d'une loi interdisant la discrimination (ou alors en présence d'une autorité des lois inefficace et faible) et en l'absence de griefs, c'est dans cet ordre que les acteurs choisissent leurs collaborateurs, leurs locataires, etc.

Une autre interprétation du tableau 1 supra indique les conséquences d'une raréfaction des ressources dues, par exemple, à une crise majeure. Il faut lire la quatrième ligne du tableau 1 dans le sens contraire (de droite à gauche) pour savoir quels critères, progressivement, ne seront pas priorisés. Les personnes appartenant à ces critères successifs seront progressivement inquiétées, voire « sacrifiées ». A ce titre, le premier critère se compose de personnes que l'on préfère le moins. Ce sont celles avec qui l'on ne partage que le critère humanité. On peut mettre en parallèle cette logique avec la montée du racisme en périodes de crises structurelles majeures.

Cette démonstration nous montre que l'amour philéo est un <u>amour</u> <u>discriminant</u>. Globalement, on peut considérer l'amour philéo comme étant un amour excluant. Ce type d'amour montre une forme d'exclusivité. Pour cela nous le qualifions aussi d'amour exclusif.

Le principe de l'amour exclusif peut trouver plusieurs applications dans le domaine des sciences sociales. En effet, plusieurs phénomènes peuvent s'expliquer par le principe de l'amour exclusif. On a déjà cité la discrimination et le racisme. On peut y rajouter aussi la formation des classes sociales et son extension : celle du système-monde de Wallerstein[36]. Nous traiterons chacune de ces applications ultérieurement.

---

[36] Wallerstein Immanuel, *Comprendre le monde – Introduction des systèmes-monde*, La découverte, 2006.

L'amour exclusif peut se manifester sous diverses formes. Parmi elles, on peut mettre en lumière le principe de l'investissement altruiste décroissant.

Sous-section 2 : L'Investissement Altruiste Décroissant (IAD)

Les raisonnements déployés supra montrent que l'individu ne manifeste les effets de l'amour exclusif que par intérêt[37]. A ce titre, l'altruisme, par exemple, est un investissement, peu importe qu'il soit spontané (stimulé directement par la dynamique de l'inconscient) ou élaboré (via la dynamique consciente). Dès lors, le niveau d'altruisme sera proportionnel à celui du bénéfice individuel direct attendu. Moins on aura à gagner (de manière spontanée ou élaborée), moins on s'investira pour autrui[38].

Cette configuration peut s'observer dans diverses situations. Par exemple, c'est le niveau d'engagement d'un individu pour une cause précise ; c'est le niveau de compassion réelle qu'un individu a pour un autre, etc.

---

[37] Nous apporterons encore plus de précisions infra.
[38] Ici, on se place dans l'hypothèse où la coercition, à travers l'autorité de la conscience, est nulle.

<u>La mobilisation syndicale</u>

La mobilisation syndicale est un investissement élaboré. C'est l'un des exemples les plus représentatifs illustrant l'IAD. On connait la difficulté à faire l'unanimité sur une mobilisation syndicale. Considérons le contexte suivant : les employés d'un certain secteur, exposés à une menace quelconque sur leurs emplois ou leurs droits sociaux, s'investiraient massivement à travers une action syndicale. Comment se comporteraient les employés d'un autre secteur ?
Si ces derniers entrevoient la même menace, alors, ils se joindront de manière massive à la mobilisation. Sinon, au mieux, ils ne s'investiront que très peu à travers des soutiens immatériels ou des témoignages de sympathie (qui, en réalité, est un donné aujourd'hui pour un rendu attendu demain : espérer un retour de la manivelle). Au pire, ils ne manifesteront même pas de la sympathie pour cette mobilisation, voire ils s'y opposeront, si elle entrave leurs propres intérêts. Cet exemple est caractérisé par une liste très courte de critères. On peut y insérer plusieurs autres pour rendre plus subtile l'illustration de l'IAD.

La déclinaison de la compassion

A la suite des analyses menées supra, nous pouvons mettre en lumière une évidence. Autant que l'amour, les préférences peuvent aussi drainer, en fonctions des évènements, des émotions de nature différente. En d'autres termes, la souffrance des Êtres préférés nous atteint.

Nous avons démontré supra que l'amour exclusif décroît au fur et à mesure que faiblissent les liens unissant deux ou plusieurs individus. Ceci impacte le niveau d'émotions investi et, donc, celui des réactions (spontanées et élaborées) des divers protagonistes. Le niveau d'émotions investi n'est pas le même. Par exemple, pour un individu situé dans un petit village wallon, en cas de catastrophe naturelle (d'ampleur équivalente), le degré de compassion (spontanée ou élaborée) investi à l'égard des victimes de son village n'est pas équivalent à celui investi à l'égard de celles d'un village situé quelque part dans une Île du Pacifique. Sans surprise, le degré de compassion, à travers des actes concrets de solidarité par exemple, sera supérieur. Ce raisonnement vaut autant pour l'individu situé dans le village de l'Île du Pacifique. Entre ces deux villages d'innombrables autres villages s'intercalent. Il est donc possible que l'on observe une décroissance de l'altruisme.

Comment expliquer les mécanismes de cet investissement décroissant ?

- Plus on partage de nombreux critères (religion, race, nation, tribu, valeurs subjectives,[39] etc.), plus l'investissement des émotions est fort. En d'autres termes, plus l'un partage de nombreux critères avec l'autre, plus il se met facilement à sa place. La souffrance de celui avec qui nous partageons beaucoup de critère communs aussi la nôtre. Plus généralement, la victoire de celui que l'on préfère le plus sur celui que l'on préfère le moins draine aussi des émotions et inversement.

- Plus la distance séparant les villages s'étend, plus l'onde de choc des émotions négatifs vécues par les victimes est très faible. En quelque sorte, il semblerait que la contagion d'émotions négatives s'amenuise avec la distance. La proximité et les affinités semblent provoquer plus de sensibilité.

- Etc.

---

[39] Conception spécifique de la liberté, de la morale, etc.

Ces exemples peuvent être généralisés et modélisés afin de comprendre comment certaines mobilisations sont plus importantes et plus fructueuses que d'autres.

Déclinaison de l'investissement altruiste décroissant

Le contexte est celui où les individus ne sont mus que par l'amour exclusif. Comment évolue le comportement de l'individu entre son intérêt personnel et l'intérêt commun ? Pour y voir plus clair, à l'aune de la Psychanthropologie, considérons le cas d'un ouvrier agricole dans un univers d'incertitude globale. Dans cet univers global, cet ouvrier agricole manifestera des comportements précis illustrant son degré d'investissement altruiste.

Un ouvrier agricole s'affilie à une unité syndicale. Car il estime que c'est cette unité syndicale qui, en premier, défend les ressources qui lui permettent d'assurer sa survie. Il préfère donc son syndicat local pour lequel il s'investira le plus. Mais, au préalable, comme le contexte est celui où l'ensemble des acteurs ne sont mus que par l'amour exclusif, alors, par l'action spontanée (initiée et régie exclusivement par la dynamique de l'inconscient), on observera des rivalités tacites ou accidentelles entre les syndiqués de la même unité.

Car l'amour exclusif est fortement entaché d'égoïsme[40]. Précisément, suivant la logique développée dans les Livres 1 & 2 de cette collection, les premiers rapports de force sont ceux qui opposent les ouvriers agricoles d'une même unité syndicale. Ces premiers rapports de force en interne mettront en exergue, entre autres, la confrontation des intérêts particuliers de chacun des ouvriers agricoles au sein du syndicat local. En toute chose, chacun pense avant tout à ses propres intérêts et **s'investit d'abord pour lui-même**. Ensuite, notre ouvrier agricole et son syndicat local défendront les intérêts des ouvriers agricoles en général contre les syndicats d'ouvriers d'autres secteurs. Par exemple, même si l'objet fondamental et l'ampleur de la rivalité est très faible, on peut mentionner l'opposition (sournoise, subtile, voire concrète) entre les syndicats des cueilleurs de pommes et ceux des cueilleurs de poires. A cette étape, son investissement altruiste décroît légèrement. Lui et l'ensemble des ouvriers en général pourront ensuite défendre les intérêts du corps professionnel des ouvriers rassemblés dans une union syndicale face aux syndicats des travailleurs sous statut "employé", par exemple ; lui, son syndicat d'ouvriers et l'ensemble des syndicats des travailleurs pourront ensuite défendre les intérêts de l'ensemble des travailleurs

---

[40] Voir démonstration infra.

(ouvriers et employés réunis) face au patronat ou bien face à une élite; lui, l'ensemble des syndicats et le patronat pourront ensuite défendre une politique locale (ou bien nationale) de l'emploi à une échelle locale (ou bien nationale). Lui, les syndicats des travailleurs, les syndicats patronaux et la classe politique pourraient soutenir les intérêts de la nation face à une menace externe quelconque; lui et toute la suite pourraient soit soutenir les intérêts de l'entité à laquelle appartient sa nation (par exemple l'Union européenne), soit défendre les politiques des institutions (lorsqu'elles sont légitimes et crédibles à ses yeux) défendues par l'entité dans laquelle sa nation a adhéré, soit défendre un bloc idéologique auquel appartient tant le pays que l'entité d'adhésion, soit défendre leur culture face à une autre. Lui et toute la nouvelle suite pourraient défendre l'Humanité face à des adversaires potentiels extraterrestres.

Dans tout ce processus, le niveau d'investissement de l'ouvrier agricole ne sera pas le même à tous les stades des rapports de force. Progressivement, on observera une décroissance militante de notre ouvrier agricole. Son investissement décroissant peut se traduire en une pyramide qui indique les différents niveaux d'altération de son militantisme. La priorité se porte d'abord sur sa propre personne. Ensuite, elle se porte sur son syndicat local et ainsi de suite jusqu'à atteindre un niveau de militantisme résiduel.

A chacune des étapes décrites ci-dessus, le degré d'investissement altruiste diminue. De même, dans l'exemple de la relation mère-enfant, la mère sera largement plus motivée naturellement pour venir en aide à son fils qu'à un étranger. Plus précisément, elle est, et de loin, plus encline à donner le meilleur d'elle-même, voire à mourir, pour son enfant par rapport, successivement, à son neveu, à l'ami de son neveu, à l'inconnu de son village, [...] à l'étranger parfait inconnu. Les bénéfices qu'elle tire à prioriser son enfant sont largement supérieurs à ceux tirés d'une relation avec l'étranger parfait inconnu.

Des exemples de ce type peuvent se multiplier. On peut observer ce principe dans chaque corps de métiers, dans le monde des affaires, dans les réseaux politiques, dans les relations internationales et les jeux d'alliances qui les sous-tendent, etc.

Comment expliquer les mécanismes de ce principe à l'aune de la Psyanthropologie ?

Dans les premiers Livres de cette collection, nous démontrons que toute action de l'Homme tire ses sources dans la dynamique de l'inconscient. Pour chaque individu, la priorité globale est donnée à sa propre survie. Tant que cette dernière est menacée, l'engagement pour toute autre cause d'ordre général est court-circuité. Dès lors, deux étapes principales expliquent les mécanismes du principe de l'investissement altruiste décroissant.

Etape 1 : Forte implication de la pression de l'autorité de l'inconscient

Toute menace sur la survie impose un niveau de pression très élevé de l'autorité de l'inconscient sur la dynamique consciente. Cette configuration implique aussi un niveau d'expression très élevé des caractéristiques de la dynamique de l'inconscient (égoïsme, impatience, convoitise, etc.). La combinaison de ces deux facteurs pousse l'individu à ne chercher que des solutions immédiates, des solutions de court terme. Cette étape marque la très forte influence de l'action spontanée régie exclusivement par la dynamique de l'inconscient.

Dans l'exemple de l'ouvrier agricole, elle <u>peut</u> correspondre tout au plus à la phase où son emploi est menacé. Dès lors, pour sa survie, son implication dans le syndicat local est beaucoup plus forte. Ce niveau d'implication très élevé est d'ailleurs confirmé par Mancur Olson[41]. En quelque sorte, il démontre que dans les petits groupes, ni

---

[41] Mancur Olson, *Logique de l'action collective*, PUF, 1987.

l'incitation ni la coercition ne sont nécessaires pour motiver l'individu à s'investir grandement à la hauteur de ses besoins.

Etape 2 : Implication de la raison

Grâce à la Psychanthropologie, on démontre que la pression de l'autorité de l'inconscient diminue avec la garantie des perspectives de survie. Dans ce contexte, les besoins sont assurés. Cette diminution permet de réduire proportionnellement le niveau d'expression des caractéristiques de la dynamique de l'inconscient. Par conséquent, elle permet à l'individu de s'ouvrir aux autres. C'est-à-dire de lâcher du lest afin de, progressivement, s'engager pour l'intérêt général, voire pour l'intérêt de l'humanité. A titre de précision, à cette étape, on peut être dans un engagement pour la survie mais pas pour la survie immédiate. Cette dernière est assurée dans l'étape 1. A travers l'étape 2, on est dans l'anticipation.

L'ouverture à l'autre implique la manifestation des effets de l'amour exclusif et de l'observation de la morale. On a affaire ici à la raison pratique de Kant. Mais l'ouverture à l'autre est toujours conditionnée par le rapport coût/ bénéfice. La survie immédiate étant assurée à l'étape 1, les efforts à consentir pour la suite deviennent « facultatifs ». Car la pression exercée par l'autorité de l'inconscient est retombée. Et, a fortiori, nous démontrons dans le Tome 1 que l'effort produit des émotions négatives au corps. La production de ces émotions négatives est antagoniste à la mission fondamentale de la dynamique de l'inconscient qui est celle d'assurer la survie et le bien-être du corps.

D'une manière générale, cette seconde étape permet à l'individu de s'affranchir de la grande influence de l'action spontanée au profit de l'action élaborée. Dans l'exemple de l'ouvrier agricole, l'action élaborée est représentée par l'ensemble des étapes intervenant après son engagement dans son syndicat local.

Sous-section 3 : La raison et les effets de l'amour exclusif

L'amour philéo étant régi par l'autorité de l'inconscient, il est fortement parasité par l'autorité de cette dernière et par ses caractéristiques (impatience, égoïsme, convoitise, etc.). De ce fait, si l'investissement altruiste décroît avec les affinités, par exemple, comme pour diverses autres causes, comment expliquer les convictions et l'engagement de très nombreuses personnes dans le monde en faveur de la préservation de l'environnement naturel ? Ce faisant, ces personnes s'engagent explicitement et consciemment pour l'humanité.

Dès lors, elles manifestent les effets de l'amour philéo.

Le principal élément pouvant libérer l'amour philéo de l'emprise des caractéristiques et l'autorité de l'inconscient est la coercition exercée par l'autorité de la conscience. Par exemple, pour manifester plus d'altruisme, il faut bloquer l'expression de la convoitise. Ce blocage est largement analyser dans le Livre 4 de cette collection. Pour que ce blocage soit plus une conviction qu'une contrainte, il faut que l'autorité antagoniste à l'autorité de l'inconscient soit endogène. C'est l'autorité de la conscience. Cette autorité se développe avec l'activité de la raison prise comme entendement ou « *raison pure* ». C'est l'activité de la « *raison pure* »[42] sur le développement de l'autorité de la conscience qui fait émerger ce que Kant appelle la « *raison pratique* »[43]. Dans ce cadre, renforcer le pouvoir de l'autorité de la conscience passe d'abord par la prise en compte, par la « raison pure », des enjeux environnementaux. Ensuite, il faut se discipliner. Précisément, cette discipline vise la dynamique de l'inconscient. Enfin, il faut adopter des comportements adaptés à ces enjeux. Cette adoption est synonyme d'émergence de la « raison pratique ». La répétition de ces comportements s'érigera en automatismes prise en charge par la

---

[42] Emmanuel Kant, *Critique de la raison pure*, 1781.
[43] Emmanuel Kant, *Critique de la raison pratique*, 1788.

dynamique de l'inconscient. Cette prise en compte des enjeux environnementaux a un caractère plus élaboré que spontané. C'est donc un calcul ou une stratégie visant le long terme.

A partir de toutes ces données, on peut très clairement expliciter les caractéristiques de l'amour philéo.

Section 6 : Les caractéristiques de l'amour philéo

Grâce à la Psyanthropologie, on démontre aisément que tous les comportements et toutes les actions de l'Homme sont régis et déclenchés à partir de la dynamique de l'inconscient. Chacun d'eux vise, de manière directe ou indirecte, à assurer la survie et le bien-être du corps. Ceci est aussi vrai pour l'expression de l'amour philéo. Car l'amour philéo est arrimé à la dynamique de l'inconscient. Or, tout choix, comportement ou toute action de l'Homme s'expriment, par défaut, sous la puissante influence des caractéristiques de la dynamique de l'inconscient. Car, non seulement la dynamique de l'inconscient n'agit que pour le corps auquel elle est attachée, mais aussi le sens profond de sa mission est de ne rechercher que les intérêts de ce même corps. Ceci rend prééminent ses caractéristiques (égoïsme, convoitise, impatience, avidité, etc.). Dès lors, ces caractéristiques parasitent l'expression de l'amour philéo. En d'autres termes, toutes ces caractéristiques influencent en toile de fond et conditionnent les effets de l'amour philéo (générosité, altruisme, patience, etc.). En quelque sorte, à travers ce type d'amour, l'individu est généreux par l'égoïsme ; etc.

- L'égoïsme

Dans les sections précédentes, qu'il y ait production d'OT ou pas, l'amour philéo, nous mettons en évidence les prémices de l'égoïsme dans l'expression de l'amour philéo. Rendons-les plus explicites !

Pour ce faire, reprenons une partie du tableau n°1 supra pour démontrer, suivant les deux principales étapes, l'égoïsme parasitant l'amour philéo.

Affinités/Egoïsme								
Nature des contacts	Relations Mère-enfant	Relations amoureuses ou amicales	Relations voisinages divers	Critère n°1	Critère n°2	Critère n°3	Critère n°...	Critère final : humanité
Sécrétion d'OT	☑☑☑	☐☑☑	☒	☒	☒	☒	☒	☒
Déclinaison	Amour		Préférences					
Source de développement	Dynamique de l'inconscient		Dynamique consciente					
Nature de l'égoïsme	Spontanée		Elaborée					

Tableau n°2 : Arrimage de l'égoïsme à l'amour philéo

Ce tableau montre la déclinaison, scindée en deux groupes, de l'amour philéo en fonction de la production de l'ocytocine. Dans chacun des groupes, il y a manifestation des effets de l'amour philéo.

Comment démontrer précisément la manifestation de l'égoïsme dans l'amour philéo dans chacun de ces groupes ?

Groupe 1 : L'amour avec production d'OT

Dans le premier groupe, il y a l'amour effectif produit biologiquement sous l'effet de l'OT. La manifestation de ses effets (générosité, altruisme, patience, etc.) est spontanée. Dans une section précédente, nous avons mis en lumière des références montrant que c'est la relation mère-enfant qui produit le taux le plus élevé d'OT. Le niveau d'amour entre une mère et son enfant est donc le plus élevé. Mais, comme ce type amour est exclusivement régi par la dynamique de l'inconscient, rien de ce qui en provient n'est gratuit. Dès lors, quel est le profit d'une mère à aimer son enfant[44] ? Ou, plus

---

[44] Pour rappel, nous sommes dans un cadre de bonding et de caregiving où, d'abord, le contact entre la mère et l'enfant est maintenu et entretenu dès la naissance et, ensuite, il n'y a pas de griefs décisifs entre les deux à un moment donné. Car, par accident, il existe beaucoup de cas où cette

précisément, que profite-t-elle par rapport aux effets (à niveau élevé) de l'amour philéo qu'elle manifeste pour enfant ?

- o Les émotions positives

  La production d'OT apporte des émotions dont bénéficie la maman. Et, à travers un haut niveau de production d'OT, la mère est capable de se mettre spontanément à la place de l'enfant[45]. Le bien-être de ce dernier est le sien. Dès lors, elle bénéficie des mêmes émotions qu'elle suscite chez l'enfant à travers, entre autres, la générosité.

- o Aversion naturelle aux émotions négatives

  Comme la mère est capable de se mettre à la place spontanément de l'enfant avec une forte production d'OT, la douleur ou les frustrations de l'enfant sont aussi les siennes. Or ces événements désagréables (douleurs, frustration, etc.) génèrent des émotions

---

relation est désastreuse.

[45] Déduction issue d'expériences propres et de diverses enquêtes informelles que nous avons réalisées.

négatives dont le corps est foncièrement aversif[46]. Par conséquent, autant que possible, elle manifestera des effets de l'amour philéo pour empêcher l'occurrence de ces événements. Bref, la mère gagne à ne pas subir des émotions négatives.

<u>Groupe 2 : L'amour sans production d'OT</u>

Dans le second groupe, l'amour se décline en préférence. La manifestation de ses effets est essentiellement le fruit du calcul ou de la stratégie. Or, calculs ou stratégies sont l'apanage de la dynamique consciente qui, elle, est ouverte aux environnements externes au corps et est en charge de les régir. Mais cette dynamique est subordonnée à la dynamique inconsciente. Ainsi, toute action et tout comportement tirent leur source de cette dernière. Par conséquent, ces calculs et stratégies ne se déploient que pour servir exclusivement les intérêts du corps auquel elle est attachée. Dès lors, en droite ligne des caractéristiques de cette dynamique, aucun don n'est gratuit. D'un simple « merci » à des gains plus concrets et substantiels, la manifestation

---

[46] La démonstration est faite dans le premier chapitre du Livre I de cette collection.

des effets de l'amour philéo couvre une réalité d'égoïsme. Tout don est toujours motivé par une <u>intention</u> de perspectives de gains directs ou indirects, présents ou futurs.

Plusieurs théories et études empiriques tendent à confirmer cette réalité.

o Les gains psychologiques

Le don, d'après Caroline Dufy et Florence Weber, « *grandit le donateur et abaisse le donataire* »[47]. Un adage populaire affirme que « *la main qui donne est la main qui commande ou domine* ». Et, d'après Jean-Jacques Rousseau, il y a un « *plaisir* »[48] que l'on tire à dominer les autres. Cette jouissance est donc le retour sur investissement du don.

o Un rendu pour un donné

Dans les sociétés archaïques et primitives, observe Marcel Mauss[49], « *les échanges et les contrats se font*

---

[47] Caroline Dufy & Florence Weber, *L'ethnographie économique*, La découverte, 2007.

[48] Jean-Jacques Rousseau, *Du contrat social ou Principes du droit politique*, 1762.

[49] Marcel Mauss, *Essai sur le don*, 1925.

sous la forme de cadeaux, en théorie volontaires, en réalité obligatoirement faits et rendus ».

o La philanthropie

D'après Jankélévitch, *« la « philanthropie » est paradoxologique parce qu'il est paradoxale d'aimer l'homme en général et pour la seule raison qu'il est un homme »*[50]. Selon lui, il est évident que le la manifestation de tout effet d'amour est une roche cachant une anguille.
Dès lorsque se cache-t-il derrière la philanthropie ? Autrement dit, quelles contreparties bénéficient au philanthrope ?

A travers les affinités indirectes, les effets de l'amour philéo (altruisme, générosité, etc.) manifestés par le philanthrope sont motivés soit :

- Par l'espérance des gains concrets (fiscalité, avantages stratégiques potentiels futurs[51],

---

[50] Vladimir Jankélévitch, *Le paradoxe de la morale*, Seuil, 1981.
[51] Gains des marchés potentiels ; traitement privilégié pour, par exemple, des signatures de contrats futurs ; etc.

etc.).

- Par l'espérance de vivre des émotions positives suivant la configuration décrite dans le premier point supra. La popularité et la reconnaissance nées de sa générosité sont aussi sources d'émotions positives.

- Au contraire, par le rejet des émotions négatives infligées par diverses images « sombres ». En effet, les images d'horreur et de souffrance peuvent générer chez certaines de personnes[52] ce type d'émotions. Ces émotions provoquent en elles un mal-être. Ce mal-être est capté par la dynamique de l'inconscient. Et, comme la fonction de cette dernière est de lutter contre les émotions négatives, à travers l'autorité de l'inconscient, elle donne instruction à la dynamique consciente de manifester des comportements décrits socialement comme étant de la générosité ou de l'altruisme. Il y a donc une imposition de la

---

[52] Tout dépend de la trajectoire de vie de chacun.

générosité à partir de la dynamique de l'inconscient. Dès lors, à travers la générosité, le philanthrope gagne à ne plus vivre des émotions négatives.

- Par le rejet des émotions négatives infligées par sa conscience, précisément par l'autorité de la conscience dont les éléments sont intériorisés grâce à l'éducation.

- Par le rejet des émotions négatives infligées par le jugement possible de la société, précisément par l'autorité des us & coutumes.

- Par les « effets positifs » sur la société ou, précisément, sur l'économie. En effet, d'après Bill Clinton, « *Souvent le marché lui-même a besoin du don pour s'organiser, pour devenir un marché « normal » [...] Le don des philanthropes vise à faire en sorte que les bénéficiaires pourront jouer leur rôle comme consommateurs et comme citoyens. Les receveurs de dons doivent réintégrer le marché et donc, au stade final, ne plus être des receveurs de dons. »*[53].

o La stratégie ou le principe de la force des choses

Il est généralement observé que les individus les plus démunis sont souvent les plus altruistes, les plus généreux. Si ces individus ne sont mus que par l'amour exclusif, alors comment expliquer ce qui peut paraître comme étant un paradoxe ?
Face à la précarité, l'altruisme est un moyen efficace pour tenter d'assurer sa survie. Ce que l'on a aujourd'hui est ce que l'on n'aura peut-être pas demain. Et l'altruisme est un gage que ce que l'on n'aura pas demain pour survivre nous sera donné par l'autre en reconnaissance de notre générosité d'hier.

- La précarité et l'infidélité

Suivant le principe du caregiving, la sensibilité au besoin d'attachement « n'a

---

[53] Jacques T. Godbout, *Bill Clinton et le don*, La découverte/Revue du MAUSS, p. 357, n°32, 2008.

pas *de base biologique forte mais dépend de l'histoire psychologique maternelle, de son histoire d'attachement, de son contexte social et culturel. [...] (Le caregiving) se construit tout au long de la vie et est soumis à de nombreuses influences dont les propres relations d'attachement de la mère* »[54]. Ainsi, divers aléas, issus de divers contextes, sont susceptibles de d'entraver la production ou la maintenance de l'OT entre une mère et son enfant au cours de leurs vies. Ceci veut dire ceci veut dire qu'il existe des possibilités de décroissance de l'amour entre la mère et son enfant. L'amour philéo est donc un amour qui doit s'entretenir. Par conséquent, c'est un amour précaire.

Cette précarité est encore plus évidente lorsque l'on a affaire aux préférences (absence de production d'OT). Dès lors, la question de la parole donnée est posée.

Dans les relations amoureuses, la production de l'OT n'est-elle bloquée que pour une seule personne ? Celle de son amoureux ou celle de son amoureuse ? En d'autres termes, en dehors des valeurs morales, peut-on être amoureux de plusieurs personnes à la fois ?

---

[54] Anne-Lise Saive et Nicole Guédeney, op.cit.

La polygamie n'est-elle le fait que de la simple convoitise et de la « gourmandise » de la dynamique de l'inconscient ? Ou est-ce le fait réel de la production d'OT ?

Nous n'avons pas d'études scientifiques nous apportant des réponses à ces questions.

- Amour discriminant

Nous avons déjà démontré le caractère discriminant de l'amour philéo dans la section précédente. C'est un amour exclusif.

- Etc.

L'amour philéo est porté, au mieux, par le principe du donnant/donnant direct. Malgré lui, rien de ce que fait l'individu n'est gratuit. C'est un amour qui ne s'ouvre aux autres que par intérêt et par condition. C'est un amour conditionnel.

Dans tout ce processus, nous constatons que la défense de l'Homme en tant qu'Être humain n'intervient qu'en dernier ressort. Ceci montre le difficile parcours vers l'Humanité que témoigne l'individu qui n'est mû que par l'amour exclusif.

Section 7 : Le difficile parcours vers l'Humanité

Le tableau 1 supra montre que la considération pour l'humanité n'arrive qu'en bout de processus dans la logique d'amour philéo et de préférence. En d'autres termes, le parcours qui lie chaque Être humain avec son humanité souffre d'une insuffisance d'amour. Plus précisément, il souffre d'une production insuffisante d'OT. Nous avons montré comment ce type d'amour décroît au fur et à mesure que les affinités et/ou les intérêts s'étiolent.

Pour illustrer la marginalité de l'Humanité liée à l'insuffisance de l'amour exclusif, nous pouvons considérer la figure suivante.

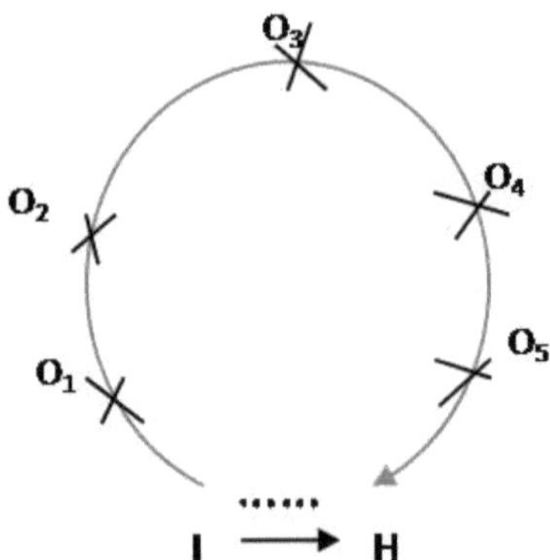

Figure n°1 : Difficile parcours vers l'Humanité

Description et Interprétation

Cette figure montre deux parcours différents permettant à l'individu (I) de rencontrer son Humanité (H). A priori, on peut observer que l'individu est à la fois proche et éloigné de son Humanité. Chacun des parcours dépend du type d'amour régissant ses interactions avec ses congénères ou, globalement, avec les Êtres vivants. En l'occurrence, si c'est l'amour exclusif qui régit ces interactions, alors c'est le parcours le plus long, semé de multiples embûches ou obstacles, que suit l'individu. Ce parcours est celui qui va de (I) à (H) en passant par les obstacles O_1 à O_5. Son Humanité est très loin de lui, voire inaccessible. Les obstacles représentent l'amenuisement progressif, jusqu'à son semblable parfait inconnu[55], des gains de l'amour philéo dont bénéficie l'individu.

Section 8 : Le « choix » égoïste est-il rationnel ?

D'une manière générale, à travers l'amour philéo, l'individu fait des choix égoïstes. N'oublions pas que ces choix sont fondamentalement régis par la dynamique de l'inconscient. Ceci permet de mettre en lumière une déduction considérable. En effet,

---

[55] Suivant notre logique, seuls les liens d'humanité les unissent.

contrairement à ce que l'on a toujours pensé et écrit, notamment dans le principal courant économique contemporain[56], un choix égoïste n'est absolument pas rationnel : il est irrationnel. Car il tire ses sources dans la dynamique inconsciente. Dès lors, il n'est pas fondé sur la raison. De même, ce choix est irrationnel parce qu'il pénalise l'individu à plus long terme. En effet, d'abord, l'une des principales caractéristiques de la dynamique de l'inconscient est l'impatience : le court terme prévaut sur le long terme. Ensuite, celui qui ne cherche que ses intérêts, trouve en tout autre Être vivant un adversaire. Dans une telle configuration, chacun est adversaire potentiel de l'autre. Ceci entretient en toile de fond un climat permanent de violence sous toutes ses formes. En d'autres termes, dans une société légitimant le choix égoïste, la propension aux rapports de force est plus élevée. Les autres vies (humaines, animales et végétales) ne sont valorisées que par opportunisme.

Globalement, pour un individu, ne rechercher que ses propres intérêts a un impact négatif tant sur les autres individus de la société que sur lui- même. Ce contexte est une puissante source de contingences (les aléas) dans l'univers global de l'individu. Car

---

[56] C'est le paradigme post néoclassique ou paradigme néolibéral. Nous traiterons ses fondements, ses mécanismes et sa dynamique dans une des Applications de cette collection. Précisément, nous analyserons dans le détail la société économique.

l'existence des rapports de force permanents crée de multiples incertitudes. C'est donc un facteur d'instabilité. En permanence, il y a une perspective de vengeance, un climat de rancune, d'animosité, etc. Celui qui perd une bataille est soumis. Et celui qui la gagne est toujours attendu au tournant. Ce dernier concède des passifs qu'il faudra, tôt ou tard, payer.

L'acte altruiste comme l'acte égoïste induisent toujours des effets dépassant nos intentions de départ. Ce sont les effets papillon et les effets boomerang.

Section 9 : L'amour philéo, l'effet papillon et l'effet Boomerang

Chaque acte, positif ou négatif, que nous posons a toujours des conséquences directes et immédiates. Celles-là, nous pouvons les constater et établir notre responsabilité directe. Mais cet acte a aussi des conséquences indirectes et ultérieures impossibles à mesurer. Elles se transmettent progressivement jusqu'à l'autre bout de la planète en grossissant. Le processus partant de l'acte anodin provoquant d'immenses conséquences indirectes et ultérieures est qualifié d'effet papillon.

C'est un concept théorisé pour la première fois par Edward Lorenz[57].

Sous-section 1 : Effets papillon

L'effet papillon indique l'influence que nous pouvons avoir à partir d'un point A sur d'autres Êtres vivants situés aux points X, Y, Z, en passant par B, C, D, etc. Les conséquences de nos actes dépassent nos intentions. Il se réalise suivant une transmission progressive de chocs cohérents.

<u>Exemples</u>

Les exemples relatant les effets papillon sont innombrables. On pourrait retenir celui d'un « mauvais regard », un regard mal interprété, d'un passant que l'on croise dans la rue qui provoquerait des conséquences insoupçonnables en chaîne. Cette chaîne de conséquences parcourrait la Terre en grossissant telle une boule de neige.
Par ailleurs, quels peuvent être des liens entre un simple vol à l'étalage et le déclenchement d'une Guerre Mondiale ? Quels liens peut-on établir entre l'achat d'un nouveau téléphone portable et une guerre civile ? Quels liens peut-on établir entre la

---

[57] Edward Lorenz, *Un battement d'aile de papillon au Brésil peut-il déclencher une tornade au Texas ?*, Alliage, n° 22, 1995.

construction d'un centre commercial dans la capitale Wallonne et la chute de la production agricole en Norvège ? Quels liens peut-on établir entre la chute de la production agricole en Norvège et l'augmentation du taux d'analphabétisme dans une quelconque région dans le monde ? Quels sont les liens entre une dispute anodine d'un ménage brésilien et la fonte d'une banquise au pôle Nord ? Etc.

A travers l'effet papillon, rien n'est hasard, tout est causalité.

Effets papillon positifs et négatifs

La nature de l'effet papillon déployé dépend toujours de l'intention[58] de l'individu à partir duquel se déclenche le processus. Si l'intention est portée par l'amour philéo, peu importe qu'il soit spontané ou élaboré, le processus aura tendance à produire des effets positifs. Et vice versa, si l'intention est mue par l'une des caractéristiques de la dynamique de l'inconscient (égoïsme, convoitise, orgueil, avidité, impatience, etc.), sans intervention de l'amour. En d'autres termes, les actes vertueux produisent des effets papillon positifs et vice versa.

---

[58] Dans les Livres 3 et 4 de cette collection, nous expliquons comment ajuster l'intention qui, par défaut, n'est motivée que par les caractéristiques de la dynamique de l'inconscient.

Ainsi, bien que l'amour exclusif soit imparfait, globalement, ses effets tendent à produire des conséquences positives.

Avec l'effet papillon, il y a donc une transmission de chocs dont les enchaînements sont difficiles à percevoir et à prévoir par l'individu. L'enchaînement de ces chocs successifs aboutit à la création de grandes conséquences qui, en retour, se répercute sur lui.

Sous-section 2 : Effets boomerang

> *L'individu qui ne regarde que son nombril, ne voit pas l'abîme vers lequel il marche.*

D'après un adage populaire, « l'individu qui crache en l'air, cela lui retombe sur le nez ». Dans la même lancée, « on ne récolte que ce qu'on sème ». Dans les faits, chacun de nos actes provoque des aléas (contingences) dont nous ne pouvons pas mesurer a priori les conséquences. C'est l'effet papillon. Ces conséquences sont une dynamique évoluant en chaîne et en grossissant. Elles finissent par impacter l'individu par qui est parti l'acte initial. C'est l'effet boomerang. C'est proche de la logique du Karma. En d'autres termes, nos destinées individuelles ou collectives dépendent de nos actions. Ces dernières peuvent avoir beaucoup de conséquences insoupçonnables. Chaque acte posé par l'Être humain a un impact direct ou indirect, présent ou futur sur lui-même et sur la globalité.

<u>Exemples</u>

Comme dans le cas de l'effet papillon, de nombreux exemples peuvent illustrer l'effet boomerang. Par exemple, un « mauvais regard » lancé sur un inconnu dans la rue provoquerait des conséquences insoupçonnables en chaîne. Cette chaîne de conséquences parcourrait la Terre en grossissant telle une boule de neige et reviendrait frapper ce même individu ou ses descendants.
Parmi d'autres exemples, le plus commun à notre époque actuelle est le réchauffement climatique qui représente la manifestation de la contre productivité des actes de l'Être humain par rapport à sa propre survie.
D'une manière générale, en faisant petit à petit son chemin, un acte anodin bienveillant peut impacter positivement la destinée de l'Humanité. En effet, nous ne savons jamais comment un simple sourire peut contribuer à améliorer le sort de l'Humanité. Par contre, un acte malveillant véhicule aussi sournoisement des conséquences imperceptibles

dont l'ampleur est difficile à évaluer.

<u>Impact des chocs contraires</u>

La qualité de vie d'une société, voire de la planète entière, est le résultat issu des chocs contraires : ceux s'opérant entre les effets papillon positifs et les effets papillon négatifs. La propagation de l'altruisme ou de la générosité produit, d'une part, des effets positifs sur l'harmonie et l'équilibre de l'ensemble de vies de la Planète. Tandis que, d'autre part, la propagation de l'acte égoïsme détruit tout sur son passage. Dès lors, nous postulons que le monde aurait évolué selon la confrontation permanente de ces antagonismes.
A ce titre, le visage actuel de notre monde n'est que le bilan de chocs contraires entre actes bienveillants et actes malveillants. Si, à un certain stade, on constate une trop grande déperdition, une permanence de la violence à l'échelle mondiale, une perte de contrôle sur des évènements d'ampleur, une inquiétude sur l'avenir de l'humanité, etc., c'est que ce bilan pèse en faveur de l'agrégation d'actes malveillants. En d'autres termes, les Êtres humains ont posé plus d'actes égoïstes que d'actes altruistes. Comme il est dit supra, on ne peut ni mesurer ni « tracer » la causalité des événements liés aux effets papillon. Mais cela semble une évidence.

<u>Enseignement général</u> :

Il faut favoriser autant que possible les contacts humains afin de donner plus de chances à la dynamique de l'inconscient de cultiver l'altruisme, la générosité, etc.

Section 10 : L'amour philéo et la morale

D'après Alexis Sarentchoff, « *poussée à l'extrême, la sympathie obéit à un idéal moral, empreint d'un esprit de sacrifice, qui s'accompagne du mépris de l'autre* »[59].

Sarentchoff, comme beaucoup d'autres auteurs, a-t-il raison de confondre les effets de l'amour avec la morale ?

Une piste de réponse est proposée dans le Livre 4 de cette collection. Précisément, ce Livre indique, entre autres, que la finalité exclusive de la morale est d'empêcher la production du vice. Elle empêche l'un de piétiner les droits de l'autre sans l'obliger d'être altruiste ou généreux. A ce titre, aucune autorité n'oblige une personne à aimer son prochain. Mais beaucoup l'obligent à ne pas lui

---

[59] Alexis Sarentchoff, « *Cœur de pierre ou l'ambiguïté du bien* », *Revue du MAUSS*, vol. 32, no. 2, pp. 41-63, 2008.

causer du tort. La générosité n'est pas un acte moral.

Quant à l'amour, sa finalité est de produire la vertu. L'amour provient du « ça », siège de la dynamique de l'inconscient. Et le siège de la morale est le « surmoi ». La morale comble les insuffisances de la production de l'ocytocine. En d'autres termes, comme le souligne André Comte-Sponville, « *nous n'avons besoin de morale que faute d'amour.* »[60].

Ainsi, il ne faut pas confondre les effets de l'amour avec la morale, même s'ils visent tous un objectif commun : harmonie et pérennité d'un groupe d'humains. Ils ont, de part et d'autre, des fonctions différentes.

A cause du faible niveau de production de l'ocytocine, l'amour exclusif joue un rôle limité dans le processus d'établissement d'une société harmonieuse et pérenne.

Quid de l'amour agape ?

---

[60] André Comte-Sponville, *Le capitalisme est-il moral ?*, p.234, Albin Michel, 2006.

CHAPITRE 3

L'AMOUR AGAPE OU AMOUR INCLUSIF

> *« Et quand j'aurais [...] la science de tous les mystères et toute la connaissance, quand j'aurais même toute la foi jusqu'à transporter des montagnes, si je n'ai pas l'amour, je ne suis rien. Et quand je distribuerais tous mes biens pour la nourriture des pauvres, quand je livrerais même mon corps pour être brûlé, si je n'ai pas l'amour, cela ne me sert à rien. »*
>
> Paul, 1 Corinthien 13 : 2-3

L'amour agape est différent de l'amour philéo de par ses origines, sa nature et son ampleur.

Section 1 : Que représente l'amour agape ?

Agape est un mot propre à la langue grecque qui fait référence à l'amour divin, l'amour inconditionnel. Plusieurs auteurs ont porté une attention particulière sur la notion d'amour agape. Platon et ses contemporains considéraient l'amour agape comme l'amour de l'Humanité. Jankélévitch[61] considérait que « le pur amour désintéressé est l'oubli de soi ». Dans *Le paradoxe de la morale*, il précise que « *l'altruisme prêche la vertu d'amitié sans spécifier la nationalité de l'ami, ni sa religion, ni sa race. Le principe d'une ouverture infinie est déjà entrevu* »[62]. Abondant dans le même sens, selon Boltanski[63], c'est un « *amour singulier sans calcul* »[64].

Contrairement à l'amour philéo, l'amour agape n'est pas inné. Il n'a aucune base biologique. Il est donc complètement autonome par rapport à la dynamique de l'inconscient. Mais, suivant la notion de désintérêt qui le caractérise, il est en contradiction avec les caractéristiques de la dynamique de l'inconscient, dépositaire de la vie rationnelle de tout Être vivant. Mais, comme nous le verrons infra, l'acquisition et la manifestation de l'amour agape apporte de l'optimalité dans les choix et les décisions de l'individu. Cette optimalité

---

[61] Vladimir Jankélévitch, *Quelque part dans l'inachevé*, Gallimard, 1978.

[62] Vladimir Jankélévitch, *Le paradoxe de la morale*, Seuil, 1981.

[63] Luc Boltanski, *L'amour et la justice comme compétences*, Métailié, 1990.

[64] Caroline Dufy & Florence Weber, *L'ethnographie économique*, chap. II, La Découverte, 2007.

empêche les actes contreproductifs pour l'individu et pour son espèce à moyen et à long terme. Atteindre cette optimalité passe par l'apprivoisement de l'intelligence de l'inconscient. Précisément, les mécanismes mettant en place l'amour agape dépouillerait systématiquement la dynamique de l'inconscient de ses caractéristiques intrinsèques (égoïsme, convoitise, impatience, intolérance, orgueil, avidité, etc.). En d'autres termes, le processus d'acquisition de ce type d'amour intègre une phase où l'individu doit se battre contre lui-même et se dominer. En réalité, c'est se battre contre la dynamique de l'inconscient.

Section 2 : L'étendue de l'amour agape

Considérons, comme Platon, que l'amour agape est l'amour de l'humanité. Par pure fiction, s'il avait une base biologique, contrairement à l'amour philéo, il ne se déclinerait pas en préférence. En d'autres termes, la production d'OT ne dépendrait plus seulement des affinités nées des contacts. Cette production serait fonction de tout autre élément ou événement. Ce serait, par exemple, inscrit par déterminisme dans l'ADN humain. Dès lors, une mère aimerait son enfant autant qu'un étranger parfait-inconnu.

En reprenant le tableau 1 du chapitre précédent, voici les ajustements que l'on peut y apporter.

Affinités							
Directes ou avec contacts			**Indirectes ou sans contacts**				
Dynamique des contacts	Actifs		Passifs	Circonstanciels				
Nature des contacts	Relations Mère-enfant	Relations amoureuses ou amicales	Relations voisinages divers	Critère n°1	Critère n°2	Critère n°3	Critère n°...	Critère final : humanité
Sécrétion d'OT	☑☑☑	☑☑☑	☑☑☑	☑☑☑	☑☑☑	☑☑☑	☑☑☑	☑☑☑
Déclinaison	Amour inconditionnel							

Tableau 3 : L'inconditionnalité de l'amour

A partir de ce tableau, on observe que l'amour agape comble les insuffisances de l'amour philéo. Nous avons supposé une production d'OT indépendante des affinités[65]. Cette supposition permet de mettre en lumière l'étendue de l'amour agape. Notamment, contrairement à l'amour exclusif, l'intensité de l'amour agape n'est pas centrifuge décroissante. Elle est plutôt centrifuge constante. Avec l'amour agape, l'individu ne cherche pas que ses intérêts, mais autant ceux des autres vivants (Êtres humains, Animaux et Plantes). En d'autres termes, il cherche <u>autant</u> le

---

[65] La nature et la qualité des affinités n'ont aucun impact sur la production d'OT.

bien-être de tout autre Être vivant que le sien. Contrairement à un individu qui n'est mû que par l'amour exclusif, celui qui vit selon les principes de l'amour agape recherche aussi l'intérêt de l'Humanité

Ainsi, l'individu traiterait son prochain avec les mêmes égards que son propre enfant ou lui-même. En d'autres termes, cet amour s'étend indifféremment de son propre enfant à l'étranger parfait-inconnu. C'est l'amour de l'humanité.

Section 3 : L'amour agape et la modernité

Une possibilité de production d'OT indépendante des affinités irait de paire avec une configuration totalement différente de la dynamique de l'inconscient humain. L'individu s'affranchirait ainsi des caractéristiques de l'intelligence de l'inconscient (égoïsme, convoitise, impatience, avidité, orgueil, etc.). Cette possibilité impacterait significativement la qualité de la modernité. Si on la définit comme étant l'amélioration des conditions de vie à travers la combinaison de la production des Bien & Services et de l'humanisme, alors le premier critère serait fortement lésé. En fait, l'amour agape impose une limitation très nette du potentiel du désir. Parce que le désir est insatiable. De par cette caractéristique d'insatiabilité, à tout moment donné, son expression se heurterait à la disponibilité des ressources. Or, la rareté des ressources impose la compétition débouchant soit sur des conflits soit sur des frustrations. Ces conséquences sont incompatibles avec les principes et la finalité de l'amour agape.

Si le potentiel du désir est limité, alors le niveau de production des Biens et Services sera (très) faible. Dans le Livre 3 de cette collection, nous démontrons que le désir et la compétition font partie des principaux facteurs stimulant l'exploitation du potentiel de l'intelligence psychique. C'est cette exploitation qui débouche sur la production quantitative et qualitative des Biens & Services. Ainsi, la modernité, telle qu'imbibée dans nos imaginaires depuis les Lumières, serait amputée d'un de ses principaux pans : celui du matérialisme.

Le principal avantage de l'amour agape est donc la circonscription et la maîtrise du désir humain. En quelque sorte, on peut dire que l'amour agape optimalise le désir humain. Il annihile la part contreproductive du désir dans l'assiette des manques potentiels exprimés par le corps. Cette optimisation favorise l'harmonie entre humains.

Mais n'ayant pas de base biologique, quelles peuvent être les voies possibles d'acquisition de l'amour agape ?

Section 4 : L'amour agape et la compétition

Par ailleurs, le faible niveau de la motivation humaine par le désir réduit quasiment à néant la compétition entre les Êtres humains. Dans une société mue par l'amour agape, les Êtres humains sont affranchis des caractéristiques de la dynamique de l'inconscient (égoïsme, convoitise, orgueil, impatience, avidité, etc.). En d'autres termes, ils n'amassent pas des Biens et fortunes ; ils ne se font pas concurrence ; ils ne possèdent pas. Ils sont tous dans le partage et la coopération. Ceci est facilité par le potentiel très faible de la motivation humaine par le désir.

Section 5 : Elever l'esprit pour acquérir l'amour agape

Sans base biologique, l'amour agape ne peut être structurel ni rationnel. Tel que présenté par la philosophie, il ne semble être qu'un mythe. Cependant, examinons quelques pistes permettant son acquisition.

Dans la section 2 supra, nous avons supposé une production d'OT indépendante des affinités. Ce qui, dans les faits, n'est pas vrai. Dans les analyses menées supra, les limites de l'amour philéo se manifestent à partir des critères n'impliquant pas la production d'OT. Le tableau les illustrant indique aussi une production insuffisante d'OT en ce qui concerne les relations amoureuses et amicales. Ce sont ces insuffisances et absences qui déstabilisent la paix et l'harmonie entre Hommes, voire entre les vivants.

Comment pallier à ces lacunes ?

Avant tout, rappelons que l'amour agape permettrait de créer plus d'harmonie entre les vivants. Une harmonie où chacun respecte sans frustration[66] les intérêts des autres. Face aux insuffisances de l'OT, quels autres mécanismes peuvent permettre de remplir la même mission qu'une extension de l'OT ? En d'autres termes, par quelles voies autres que l'OT, l'individu accorde-t-il de l'importance et d'altruisme autant à son enfant qu'à son prochain ? Ce sont des questions délicates dont de possibles réponses sont à cheval entre la philosophie et la science (plus précisément de la Psychanthropologie).
Pour ce faire, il faut élever l'esprit pour dompter ou apprivoiser la dynamique de l'inconscient. Nous analyserons ces possibilités dans le Livre 6 de cette collection. Car des prérequis sont indispensables pour ces démonstrations.

---

[66] Le respect des intérêts des autres, à travers la morale et diverses autres autorités antagonistes à l'autorité de l'inconscient, génère automatiquement de la frustration. Car l'acte vicieux est refoulé dans l'inconscient d'où il provient. Voir Livre 4 de cette collection.

Section 6 : La rencontre de l'individu avec son Humanité

La figure n°1 ci-dessus présentait deux itinéraires permettant à l'individu d'aller à la rencontre de son Humanité. A travers les principes de l'amour exclusif, nous avons montré comment il est très difficile, voire impossible, de rencontrer son Humanité. En tout état de cause, le chemin qui permet à l'individu de rencontrer son Humanité est très long et semé de multiples embûches lorsque ce n'est que l'amour exclusif qui régit les comportements ou les interactions entre individus. Avec les principes de l'amour inclusif, l'individu choisit une autre trajectoire. Elle est illustrée dans la figure ci-dessous.

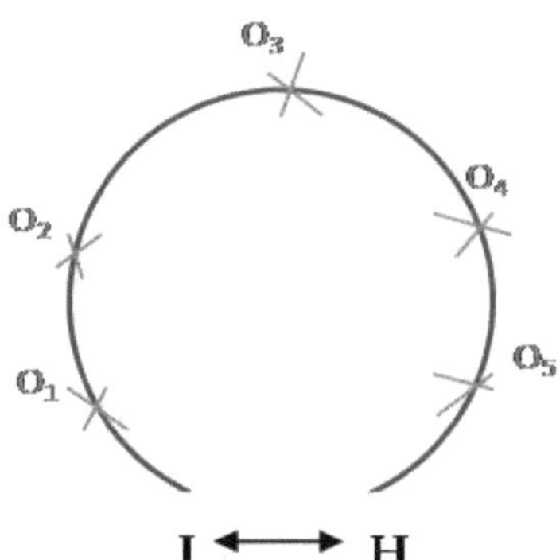

Figure n°2 : La rencontre de l'individu avec son Humanité

Cette figure montre un chemin beaucoup plus court permettant à l'individu de rencontrer son Humanité. Ce raccourci est symbolisé par la possibilité de créer un pont entre (I) et (H). Il s'impose de lui-même car, en vertu de toute la description faite de l'amour agape, tous les obstacles empêchant l'individu de rencontrer son Humanité sont ôtés.

De ce raccourci en découle une interprétation précise. Grâce à l'amour agape, l'Homme se considère et vit avant tout comme Être humain et non comme simple individu. Car à partir de ce moment, il se détache de lui-même et se voit à travers tout autre individu, parce que tout autre individu est Être humain comme lui. Dès lors, chaque individu est le miroir de l'autre. Si les uns sont les miroirs des autres, alors la souffrance des uns sera celle des autres. De même, le bonheur, la joie des uns seront aussi ceux des autres. Ils évoluent tous main dans la main. Autrement dit, en tant qu'Être humain, chaque individu recherche avant tout l'intérêt de l'Humanité. L'amour agape n'est pas exclusif. Il est inclusif. Il fait de nous des Êtres humains.

Globalement, une des informations que nous pouvons retenir jusqu'ici, c'est le fait que l'individu doit lutter contre lui-même pour assurer la pérennité de son espèce. A l'instar de l'idée de

Jankélévitch, l'individu doit se détacher de lui-même s'il veut rencontrer son Humanité. Car la morale, seule, ne suffit pas pour créer l'harmonie parfaite et pérenniser l'espèce humaine.

Section 7 : L'amour inclusif, plus puissant que la morale

Des Livres 3 & 4 de cette collection, nous avons démontré que la morale est beaucoup plus puissante que la disponibilité & l'accessibilité des ressources devant assurer la conservation de l'Homme. Son autorité est aussi plus puissante que celle des lois formelles votées ou adoptées par une institution. Dans la perspective de création de sociétés harmonieuses, de la morale et de l'amour inclusif, quelle instance est plus efficace ?

Sous-section 1 : Du point de vue de la morale

L'instauration d'une société pacifique, stable et harmonieuse basée sur une l'autorité de la morale passe par des arbitrages psychiques permanents en chaque individu. Au cours de cet arbitrage, chacun des individus doit se battre principalement contre lui-même. Avec cette autorité forte, les besoins et désirs incompatibles avec des valeurs humaines et sociales sont refoulés dans l'inconscient. Ce refoulement provoque à chaque fois des frustrations se traduisant par d'immanquables émotions négatives. Dès lors, à travers la morale, il y a certes préservation de l'harmonie entre les Êtres humains, mais il y a aussi du mal-être qui s'impose dans le chef des individus concernés à travers l'émergence d'émotions négatives.

Avec la morale, nous constatons bien que l'individu doit renoncer à beaucoup de choses malgré lui. Ceci permet de mettre en lumière une autre caractéristique de l'amour philéo.

<u>L'amour philéo et l'hypocrisie</u>

Afin de démontrer cette caractéristique d'hypocrisie, basons-nous sur une connaissance répandue. En fait, dans la civilisation judéo-chrétienne, la morale tire principalement ses sources des lois de Dieu révélées à Moïse. Ce sont les dix commandements. Par exemple, la loi n° 7 sanctionne l'adultère. Supposons que, pour une raison ou pour une autre, un individu quelconque éprouve le désir de tromper son épouse. Face à cette loi, cet individu ne passera pas à l'action parce qu'il a intériorisé le fait qu'il y a une sanction au bout. Par cette intériorisation, il juge la sanction crédible. Cette sanction provient de l'Autorité de la morale. Cependant, au fond de lui, cette envie demeure. Mais la morale lui interdit de passer à l'acte. Cette situation crée en l'individu de la frustration et le rend fatalement hypocrite. Ceci est illustré dans *l'évangile selon Matthieu* dans lequel le Christ affirme que : « *vous avez appris qu'il a été dit : Tu ne commettras point d'adultère. Mais moi, je vous dis que quiconque regarde une femme pour la convoiter a déjà commis un adultère avec elle dans son cœur.* »[67]. De la même manière, en ce qui concerne la loi n° 8, l'individu qui a envie de voler, ne volera pas. Il ne volera pas parce qu'il y a l'Autorité de la morale qui le sanctionnerait. Dans ce cas aussi, ceci génère également de la frustration et rend fatalement l'individu hypocrite. Ce raisonnement est adaptable à tous les autres commandements et, globalement, à toutes les autres formes de censure créées dans les sociétés humaines. Ceci nous amène à déceler une autre caractéristique de l'amour exclusif. L'amour exclusif est aussi un <u>amour hypocrite</u>. L'individu a un profond désir, en lui, de commettre un adultère mais avec la surveillance (la veille) des autorités antagonistes à l'autorité de l'inconscient, il ne peut pas. Cependant, en guise de rappel, ceci montre un impact puissant des sources du « surmoi » qui réussissent, dans ces cas, à faire suffisamment contrepoids à l'autorité de l'inconscient de façon à empêcher l'individu de causer du tort à autrui.

---

[67]Matthieu, *Evangile selon Matthieu*, in Louis Segond, Chap.5, v. 27-28, Nouvelle Edition de Genève, 1979.

Bref, la morale est très efficace pour apporter harmonie et paix. Mais elle génère des frustrations dans le chef des individus.

Sous-section 2 : Du point de vue de l'amour inclusif

La frustration née du refoulement des besoins ou désir n'existe pas avec l'amour agape. Car il n'y a pas d'arbitrage psychique de même nature chez l'Homme. L'absence de cet arbitrage s'explique par le fait que la dynamique de l'inconscient est lessivée de ses caractéristiques (égoïsme, convoitise, impatience, orgueil, avidité, etc.). En guise de rappel, ce sont ces caractéristiques innées qui apportent instabilité et violence au sein des groupes humains provoquant des effets papillon et effets boomerang. Dès lors, l'absence d'office de ces caractéristiques offre d'abord socialement, au moins, les mêmes résultats que ceux du processus de la morale. C'est-à-dire, la stabilité, la paix et, donc, l'harmonie au sein du groupe humain. Ensuite, cette absence garantit un bien-être supérieur. Car l'Homme mû par l'amour agape ne connaît pas les émotions négatives nées des frustrations énoncées dans la sous-section précédente. A fortiori, avec la mise à l'écart d'office des frustrations, l'Être humain ne subit pas les tensions permanentes nées du combat contre lui-même.

Nous en déduisons, sur base de ces analyses, que l'amour agape est beaucoup plus efficace que la morale non seulement dans la perspective de stabilité et d'harmonie sociétales, mais aussi dans la contribution au bien-être de chaque Être humain.

Par ailleurs, nous avons démontré dans le Livre 4 de cette collection que la morale est beaucoup plus efficace que les lois formelles dans le cadre de la construction d'une harmonie sociétale. Nous avons démontré que la morale est plus pertinente que l'amour exclusif. Par transitivité, l'amour agape est donc l'outil idéal qui permet de créer une harmonie sociétale, une société idéale. Il est aussi beaucoup plus efficace pour assurer la pérennité de l'espèce humaine.

Section 8 : L'amour agape et la liberté

Dans le Livre 4, nous démontrons, que la liberté se fonde sur la morale. En d'autres termes, la morale est une composante de la liberté. Dans ce même Livre, nous démontrons aussi que la principale source des servitudes humaines est la dynamique de l'inconscient. Donc, pour être libre, il faut faire contrepoids à cette autorité à travers des arbitrages permanents.

La nouveauté qu'apportent les analyses sur l'amour agape est la désuétude de ces arbitrages entre autorités antagonistes. Comme il est dit dans la section précédente, l'absence d'arbitrages trouve ses origines dans la neutralisation d'office des caractéristiques de la dynamique de l'inconscient (égoïsme, convoitise, impatience, etc.) avec l'activité de l'amour agape. Ces caractéristiques étant les principaux vecteurs de servitude, on en déduit que l'amour agape se confond à la liberté. En quelque sorte, la vraie liberté est l'amour inconditionnel, l'amour agape.

Ce type d'amour est une arme dont la puissance est insoupçonnable.

Section 9 : L'amour agape, la solution absolue

Les analyses menées dans les sections précédentes indiquent que, avec l'amour agape, les caractéristiques de la dynamique de l'inconscient sont neutralisées. En d'autres termes, contrairement à l'amour philéo, ce type d'amour n'est pas parasité par l'égoïsme, la convoitise, l'impatience, l'arrogance, etc. Dès lors, les Êtres humains ne sont absolument mus ni par des intentions de domination, ni par la compétition, etc. Par conséquent, l'envie de fabriquer divers type d'arme ne s'inscrit absolument pas dans leur « moi ». Ceci prend à défaut le célèbre adage populaire recommandant que « *pour avoir la paix, il faut préparer la guerre* ».

L'arme de destruction la plus puissante qui soit se trouve en chacun des Êtres vivants. Elle est encore plus puissante chez l'Être humain à cause du niveau très élevé du potentiel d'expression des caractéristiques de la dynamique de l'inconscient. Dans le Livre 2 de cette collection, nous démontrons que ce niveau très élevé est proportionnel à l'extrême précarité de sa condition de Base. Et, dans le Livre 3 de cette même collection, nous démontrons que plus la condition de base d'un Être vivant est précaire, plus le potentiel d'activité et du champ de l'esprit est élevé. Sans amour agape, l'intention de l'Être humain est portée principalement par les caractéristiques de la dynamique de l'inconscient. Cette intention se place essentiellement dans la perspective des intérêts égoïstes. Cette perspective est un puissant vecteur de violence pouvant aller jusqu'à ce que l'on qualifie de « violence gratuite »[68] et l'invention de diverses armes de destruction massive.

---

[68] De l'analyse portant sur l'amour philéo, on peut démontrer que la violence gratuite n'existe pas. Il y a toujours une récompense pouvant se faire valoir, entre autres, par des gains d'émotions.

CONCLUSION

Les analyses menées dans cet ouvrage montrent bien que l'amour est l'un des trois outils permettant aux Êtres humains d'optimiser l'activité de la dynamique de l'inconscient afin de produire de l'harmonie entre eux. Des trois types d'amour traités, en matière d'interactions humaines, seuls l'amour philéo et l'amour agape remplissent cette fonction.

L'amour philéo est régi exclusivement par la dynamique de l'inconscient. Il ne dépend de notre volonté consciente. Il se fonde sur une base biologique matérialisée par la production de l'ocytocine ou OT. La stimulation de l'OT dépend principalement des affinités et, plus précisément, de la nature des contacts. Des relations entre la mère et son enfant aux relations entre cette mère et un étranger parfait inconnu (absence de contact), en passant par les relations amoureuses, amicales et autres, la production d'OT est plus forte dans la première relation. Elle décroît progressivement jusqu'à être nulle entre la mère et l'étranger parfait inconnu. De cette décroissance de la production d'OT, l'amour se décline progressivement en préférences. Ces préférences s'ordonnent successivement suivants divers critères tant objectifs que subjectifs. Par ailleurs, la variation de production de l'OT entraîne un parasitage proportionnel des interactions entre les individus par les caractéristiques de la dynamique de l'inconscient (égoïsme, convoitise, impatience, avidité, orgueil, etc.). Par exemple, par défaut, la mère est beaucoup moins égoïste avec son enfant qu'avec l'étranger parfait inconnu. En d'autres termes, elle manifeste beaucoup plus les effets de l'amour philéo (générosité, altruisme, patience, etc.) à l'égard de son enfant que, progressivement, à l'égard de toutes autres personnes. Elle recherche et défend autant ses intérêts que ceux de son enfant. Tandis que ce zèle diminue à l'égard des autres avec la décroissance de production de l'ocytocine.

Globalement, ce que l'on peut retenir de cette analyse est le faible impact de l'amour exclusif dans le processus d'émergence des sociétés harmonieuses et pérennes. Ce faible impact est dû au potentiel très bas de production de l'ocytocine par la dynamique de l'inconscient. Dès lors, un Être humain ne peut pas aimer tout le monde. Cependant, on peut essayer de limiter la casse en favorisant autant que possible l'ouverture vertueuse[69] des uns aux autres afin de provoquer, au mieux, la stimulation ou la production de l'OT et, dans une moindre mesure, la sympathie[70].

Le troisième type d'amour analysé dans cet ouvrage est l'amour agape. Contrairement à l'amour philéo, il n'est pas inné. De par sa conception « idéalisée », il pallie les insuffisances de production d'OT et pousse les Êtres humains à manifester, indifféremment les uns aux autres, les effets de l'amour (générosité, altruisme, patience, etc.). En d'autres termes, il place l'Être humain (son « moi ») à l'abri de tout parasitage des caractéristiques de la dynamique de l'inconscient (égoïsme, impatience, convoitise, orgueil, etc.). Ce faisant, c'est le meilleur outil permettant à l'Être humain d'acquérir sa liberté. Il est idéal pour l'émergence des sociétés stables, harmonieuses et pérennes. Dans cet objectif, il est donc encore plus puissant que la morale. A travers ce type d'amour l'Homme rencontre son humanité sans condition. C'est l'amour de/pour l'humanité.

Ainsi, l'amour agape optimise les choix et décisions de l'Être humain à travers la neutralisation des caractéristiques de la dynamique de l'inconscient.

---

[69] Ouverture encadrée par une philosophie pacifiste.

[70] Pour une raison ou pour l'autre, on peut avoir de la sympathie pour un peuple qu'on ne connaît qu'à travers les médias. Les médias jouent le rôle de connecteur.

Mais son acquisition n'est pas évidente. Nous aborderons cette problématique d'acquisition dans le Livre suivant.

BIBLIOGRAPHIE

- BARTELS A., ZEKI S., *The neural correlates of maternal and romantic love*, Neuroimage, *21* : 1155-1166, 2004.
- BEKHECHI V., RABOUAM C., GUEDENEY N., *Le système des soins parentaux pour les jeunes enfants*, le caregiving, *In* GUÉDENEY N. et A. : *L'attachement : Approche théorique. Du bébé à la personne âgée* (pp. 17-28), Masson Elsevier, 2010.
- BOLTANSKI Luc, *L'amour et la justice comme compétences*, Métailié, 1990.
- CAMPBELL A., *Attachement, agression, and affiliation: The role of oxytocin in female social behavior*, Biological Psychology, 77, 1-10, 2008.
- COMTE-SPONVILLE André, *Le capitalisme est-il moral ?*, Albin Michel, 2006.
- DALE Henry, *On some physiological actions of ergot*, Journal of Physiology (London), *34*, 163-206, 1906.
- DITZEN B., SCHAER M., GABRIEL B., BODENMANN G., EHLERT U. & HEINRICHS M., *Intranasal oxytocin increases positive communication and reduce cortisol levels*

during couple conflict. Biological Psychiatry, *65*, 728-731, 2009.

- DUFY Caroline & Florence Weber, *L'ethnographie économique*, La Découverte, 2007.
- GODBOUT Jacques T., *Bill Clinton et le don*, La découverte/Revue du MAUSS, n°32, 2008.
- GOODSON J.L., *Nonapeptides and the evolutionary patterning of sociality*, Progress in Brain Research, *170* : 3-15, 2008.
- GOULDNER Alvin W., « *Pourquoi donner quelque chose contre rien ?* », *Revue du MAUSS*, vol. 32, no. 2, pp. 65-86, 2008.
- JANKELEVITCH Vladimir, *Quelque part dans l'inachevé*, Gallimard, 1978.
- JANKELEVITCH Vladimir, *Le paradoxe de la morale*, Seuil, 1981.
- KANT Emmanuel, *Critique de la raison pure*, 1781.
- KANT Emmanuel, *Critique de la raison pratique*, 1788.
- LANE Anthony, LUMINET Olivier et MIKOLAJCZAK Moïra, *Psychoendocrinologie sociale de l'ocytocine : revue d'une littérature en pleine expansion*, in « *L'Année psychologique* », Vol. 113, pp. 255 - 285, NecPlus, 2013.
- LEVINE A., ZAGOORY-SHARON O. *et al.*, *Oxytocin during pregnancy and early*

postpartum : individual patterns and maternal-fetal attachment, Peptides, *28 (6)* : 1162-1169, 2007.

- LORENZ Edward, *Un battement d'aile de papillon au Brésil peut-il déclencher une tornade au Texas ?*, Alliage, nᵒ 22, 1995.
- MATTHIEU, *Evangile selon Matthieu*, in Louis Segond, Nouvelle Edition de Genève, 1979.
- MAUSS Marcel, *Essai sur le don*, 1925.
- NISSEN E., LIJLA G., WIDSTROM A.J., *Elevation of oxytocin levels early post partum woman*, Acta Obstetricia et Gynecologica Scandinavica, *74 :* 530-533, 1995.
- NYGREN Anders, *Éros et agapè. La notion chrétienne de l'amour et ses transformations*, La découverte/Revue du MAUSS, n° 32 | pages 165 à 172, 2008.
- OLSON Mancur, *Logique de l'action collective*, PUF, 1987.
- PAUL, Premier épître aux Corinthiens, in Louis Segond, Nouvelle Edition de Genève, 1979.
- PLATON, *La République,* Belles Lettres, 2002.
- ROUSSEAU Jean-Jacques, *Du contrat social ou Principes du droit politique*, 1762.
- SAIVE Anne-Lise et GUEDENEY Nicole, *Le rôle de l'ocytocine dans les comportements maternels de caregiving auprès de très jeunes enfants*, Médecine & Hygiène | « Devenir », 22

| pages 321 à 338, 4/2010.
- SARENTCHOFF Alexis, *« Cœur de pierre ou l'ambiguïté du bien »*, *Revue du MAUSS*, vol. 32, no. 2, pp. 41-63, 2008.
- SHAMAY-TSOORY S. G., FISCHER M., DVASH J., HARARI H., PERACH-BLOOM N. & LEVKOVITZ Y., *Intranasal administration of oxytocin increases envy and schadenfreude (gloating)*, Biological Psychiatry, 66, 864-870, 2009.
- Wallerstein Immanuel, *Comprendre le monde – Introduction des systèmes-monde*, La découverte, 2006.
- ZAK P. J., STANTON A. A. & AHMADI S., *Oxytocin increases generosity in humans*, *PLoS ONE*, 2(11): e1128. Doi : 10.1371/journal. Pone. 0001128, 2007.